BEI GRIN MACHT SICH IHR WISSEN BEZAHLT

- Wir veröffentlichen Ihre Hausarbeit,
  Bachelor- und Masterarbeit

- Ihr eigenes eBook und Buch -
  weltweit in allen wichtigen Shops

- Verdienen Sie an jedem Verkauf

Jetzt bei www.GRIN.com hochladen und kostenlos publizieren

Künstliche Intelligenz in Nachrichtenredaktionen. Vor- und Nachteile im Journalismus

Minh Trang Nguyen

Bibliografische Information der Deutschen Nationalbibliothek:

Die Deutsche Nationalbibliothek verzeichnet diese Publikation in der Deutschen Nationalbibliografie; detaillierte bibliografische Daten sind im Internet über http://dnb.d-nb.de abrufbar.

ISBN: 9783346419576
Dieses Buch ist auch als E-Book erhältlich.

© GRIN Publishing GmbH
Nymphenburger Straße 86
80636 München

Druck und Bindung: Books on Demand GmbH, Norderstedt Germany
Gedruckt auf säurefreiem Papier aus verantwortungsvollen Quellen

Das vorliegende Werk wurde sorgfältig erarbeitet. Dennoch übernehmen Autoren und Verlag für die Richtigkeit von Angaben, Hinweisen, Links und Ratschlägen sowie eventuelle Druckfehler keine Haftung.

Das Buch bei GRIN: https://www.grin.com/document/1032220

FRIEDRICH-SCHILLER-UNIVERSITÄT JENA

Institut für Kommunikationswissenschaft

Gesellschaftliche Kommunikation und Öffentlichkeit

Künstliche Intelligenz in Nachrichtenredaktionen

Minh Trang Nguyen

Inhaltsverzeichnis

1. Einleitung

Nach Peter Gabriel (2019) existieren zahllose Möglichkeiten, künstliche Intelligenz in verschiedenen gesellschaftlichen Bereichen einzusetzen: Maschinen und Software sind so intelligent, dass sie Probleme auch in schwierigen Situationen beheben können. In seinem Beitrag zur Diskussion der Anwendungsmöglichkeiten von künstlicher Intelligenz betont der Autor, dass Chatbots medizinische Fragen inszwischen eigenständig beantworten und Autos im dichten Stadtverkehr ohne menschliche Hilfe eigenständig und sicher fahren können. Eine Studie von Frauenhofer IAO (2019), in der die Auswirkungen des Einsatzes von künstlicher Intelligenz auf Unternehmen in Deutschland untersucht wurden, zeigte, dass 16 % der befragten Unternehmen bereits eine konkrete Anwendung von KI–Technologien in ihrem Arbeitsfeld einsetzten. 59 % der Unternehmen gäben an, sich gegenwärtig mehr oder weniger mit künstlicher Intelligenz zu beschäftigen, und nur ein Viertel der befragten Unternehmen hatten künstliche Intelligenz noch überhaupt nicht in ihre Arbeit integriert. Den Ergebnissen dieser Studie lässt sich entnehmen, dass die Entwicklung von KI–Technologien in der Unternehmenspraxis einen hohen Stellenwert besitzt. Ausgehend davon stellt sich die Frage, welche Rolle künstliche Intelligenz im Bereich des Journalismus spielt. Der vorliegende Beitrag fokussiert sich auf die Anwendung von künstlicher Intelligenz in Nachrichtenredaktionen. Damit dieses Thema erforscht werden kann, ist es notwendig, folgende Fragen in dieser Arbeit zu beantworten:

- In welcher Form werden KI-Technologien bereits in Nachrichtenredaktionen eingesetzt?
- Welche Vor- und Nachteile ergeben sich aus der Anwendung künstlicher Intelligenz?
- In welchem Verhältnis steht professioneller Journalismus zu algorithmischen Systemen? Können Maschinen menschliche Journalisten ersetzen?

Die Aufgabe dieser Analyse besteht darin, in erster Linie die Begriffe der künstlichen Intelligenz und des professionellen Journalismus zu definieren. Hierfür ist der zweite Abschnitt dienlich. Im Anschluss daran wird in dem dritten Kapitel dokumentiert, wie die Studien gesucht und selektiert wurden. Danach werden im vierten Abschnitt die Ergebnisse der ausgewählten Studien systematisch präsentiert. Zuletzt wird ein kurzes Fazit zur Rolle der künstlichen Intelligenz in Nachrichtenorganisationen sowie damit einhergehenden Problemen gezogen.

2. Begriffliche Erklärung

2.1 Was ist Journalismus?

Was unter professionellen Journalismus fallen soll, legt Weischenberg et al. (2006) in seinem Beitrag wie folgt fest: Auf gesellschaftlicher Ebene gilt professioneller Journalismus als ein soziales System zur Fremdbeobachtung verschiedener gesellschaftlicher Bereichen. Die Hauptaufgabe von Journalistinnen und Journalisten ist es, nach den Kriterien der Aktualität, Faktizität und Relevanz Themen zu publizieren. Daher soll an dieser Stelle hervorgehoben werden, dass Journalismus auf organisatorischer sowie inhaltlicher Ebene von anderen Formen der Kommunikation wie PR, Werbung oder Literatur abgegrenzt werden muss. Medienunternehmen produzieren beständig eine Vielzahl an journalistischen Angeboten, weswegen Medien mit geringer Aktualität wie Bücher oder vierteljährlich erscheinende Zeitschriften aus der Definition des professionellen Journalismus ausgeschlossen werden. Ebenso wenig fallen unter diesen Begriff Medien mit geringer Faktizität (z. B Spielfilme, Satiremagazine,...) und Medien mit geringer Relevanz (Medienangebote, die aus Sicht der Medienrezipienten nur geringe Reichweite haben). Über die Funktion der Fremdbeobachtung lässt sich Journalismus zudem von PR- und Laienmedien unterscheiden, da sich PR-Medien primär auf eine positive Selbstdarstellung und Laienmedien hauptsächlich auf die Thematisierung spezifischer Interessen fokussieren. Letztlich werden Personen auf Akteur-Ebene als professionelle Journalistinnen und Journalisten betrachtet, wenn sie hauptberuflich in die Produktion journalistischer Angebote eingebunden sind. Hauptberuflich bedeutet, dass mehr als die Hälfte der erzielten Einkünfte dieser Akteurinnen und Akteure aus journalistischer Arbeit stammt und mehr als die Hälfte der Arbeitszeit für die journalistische Arbeit aufgebracht wird. Journalistinnen und Journalisten haben außerdem unmittelbaren Einfluss auf den Inhalt redaktioneller Produkte. Ehrenamtliche, arbeitslose oder nebenberuflich tätige freie Journalistinnen und Journalisten werden nicht als professionell wahrgenommen. In dieser Arbeit liegt der Fokus ausschließlich auf der Beziehung zwischen künstlicher Intelligenz und professionellem Journalismus bzw. Nachrichtenredaktionen. Andere Akteurinnen und Akteure wie Arbeitskräfte aus der PR-Branche, dem Bereich der Laienmedien oder Personen, die das Internet nutzen, um selbst journalistische Angebote zu kreieren, werden in dieser Analyse nicht berücksichtigt.

2.2 Was ist künstliche Intelligenz?

Klaus Mainzer (2019) beschreibt in der Einführung seines Buchs "Künstliche Intelligenz. Wann übernehmen die Maschinen?" das Aufkommen von entwickelten Technologien in seinem Alltag: Seine Armbanduhr gab seinen aktuellen Blutdruck und seine Blutwerte an; auf der Autobahn konnte sein Auto nach Eingabe des Fahrziels selbstständig fahren. Hierbei befolgte der Wagen die Verkehrsvorschriften genauer als einige menschliche FahrzeugführerInnen und konnte zudem automatisch einparken, als der Autor in seiner Frankfurter Nebenstelle ankam. Außerdem erwähnt Mainzer in seinem Buch viele von Robotern bediente Services in Japan, wohin ihn seine letzte Geschäftsreise führte, z. B. das automatische Check-in auf dem Flughafen. Der Autor betont, dies sei kein Science–Fiction–Szenario gewesen. Vielmehr seien dies alles KI–Technologien, mit denen zuvor lediglich in Science–Fiction–Filmen und –Romanen konfrontiert worden wären (Lossau 2018), die heute jedoch realisierbar wären.

Es existiert bislang keine einheitliche wissenschaftliche Begriffsbestimmung von "künstliche Intelligenz" (Schick 2018). Gemeint sind damit Maschinen und fortgeschrittene Computerprogramme, die mehr oder weniger menschliche Leistungen wie das Lernen, Urteilen und Problemlösen selbstständig erbringen können (Schick 2018, Mainzer 2019). Darunter fallen die Technologien des Machine Learning (ML) als ein Teilgebiet der künstlichen Intelligenz (Schick 2018). Die Hauptaufgabe von ML besteht darin, die Mechanismen des menschlichen Gehirns nachzuahmen, indem die Maschinen darauf trainiert werden, nach der Aufnahme einer Vielzahl von Daten, Texten und Bildern die Muster darin erkennen zu können (Lossau 2018). Inzwischen haben sich KI–Technologien in vielen gesellschaftlichen Bereichen etabliert. Beispielsweise veröffentlichte das Softwareunternehmen SAP –SE im Jahr 2018 einen kurzen Beitrag von Uwe Schick auf der Firmenwebsite, in dem der Einsatz von KI–Technologien in der Warenproduktion und dem Gesundheitswesen beschrieben wurde. Innerhalb der produzierenden Unternehmen können Sensoren in den Maschinen oder das ERP–System[1] eine große Menge von Daten bearbeiten und zur Verfügung stellen, damit über Algorithmen die Qualitätskontrolle der Maschinen erbracht und ihre Wartung prognostiziert werden kann. Dank der Unterstützung durch KI können Firmen so Produktionsausfälle verhindern und Lagerkosten reduzieren. Auch im Bereich der Berichterstattung sind von KI bestimmte Leistungen zu erwarten. In diesem Kontext ist es lohnenswert, den Beitrag der Abteilung Technologie, Medien und Telekommunikation der PwC zu erwähnen. Kirschniak und Lützenberger (2018) diskutieren in

---

[1] Enterprise -Resource -Planning: System zur Führung eines Unternehmens.

4

ihrem Highlight-Artikel, inwiefern KI-Technologien die Medienindustrie revolutionieren, indem sie etwa Nachrichtenartikel automatisch verfassen, die Qualität und Plausibilität von Nachrichtinhalten bewerten und Videopräferenzen der NutzerInnen erkennen können. Eine detaillierte Analyse des Einsatzes von KI-Technologien im Bereich Journalismus folgt im vierten Kapitel neben einer Schilderung des Verhältnisses von Journalismus zu künstlicher Intelligenz.

3. Methode

Für die Suche nach relevanten Studien wurde auf die englischsprachige fachübergreifende Datenbankplattform Web of Science von Clarivate Analytics zugegriffen. Als Erstes wurden die Suchbegriffe in die zwei Eingabezeilen eingetragen: Das erste Feld enthielt das Stichwort ''Journalism'' und das zweite Feld den Terminus ''Artificial Intelligence''. Zwischen den zwei Suchfeldern wurde das Verbindungswort ''AND'' ausgewählt, damit in den Ergebnissen nur die Studien angezeigt wurden, die diese beiden Felder zum Inhalt hatten. Insgesamt wurden 73 Studien gefunden. In einem zweiten Schritt mussten diese über die Art der Dokumente weiter eingegrenzt werden. Bearbeitet wurden nur Artikel. Andere Dokumentarten wie Proceeding Papers oder BookReviews wurden aussortiert. Es blieben 67 Ergebnisse. Als Nächstes musste die Anzahl der Beiträge aufgrund der Sprachkenntnisse der Verfasserin dieser Arbeit weiter limitiert werden. Nur Studien aus deutsch- und englischsprachigen Räumen konnten weiter betrachtet werden. Infolgedessen gelangten 47 Artikel in die nähere Auswahl. Nun mussten deren Abstracts gelesen werden, um prüfen zu können, inwiefern die Untersuchungsthemen dem Interesse dieser Arbeit entsprachen.

Untersucht wurde die Frage nach der Rolle von KI in Nachrichtenredaktionen, der Fokus lag also in dieser Studie auf dem Aspekt der Einsatzmöglichkeiten von KI. Aus diesem Grund mussten Beiträge, die andere Forschungsbereiche thematisierten, exkludiert werden. In diesem Sinne wurde z. B. die Studie von Vergeer (2020) verworfen: In dieser wurde betrachtet, wie Zeitungen in den Niederlanden über künstliche Intelligenz in verschiedenen Bereichen unterschiedlich berichteten. Diese Studie hatte die Art und Weise zum Inhalt, in der KI umfangreich und inhaltlich präsentiert wurde. In diesem Kontext ist zu erwähnen, dass Studien, die sich mit der Mediendarstellung von KI in anderen gesellschaftlichen Bereichen beschäftigten, in dieser Arbeit keine Beachtung fanden. Außen vor gelassen wurden auch Studien, die das öffentliche Vertrauen in KI erforschten, da der Hauptfokus dieser Arbeit nicht auf der Perspektive der Rezipientinnen und Rezipienten liegt. Zu diesen exkludierten Studien zählten

5

etwa die von Sanchez-Gonzales und Sanchez-Gonzales (2017) zur öffentlichen Wahrnehmung und Bewertung Politibots[2] im Kontext der spanischen Wahlkampagne 2016 oder die Analyse der Auswirkungen von dursch KI generierten Inhalten auf die Wahrnehmung der Rezipientinnen und Rezipienten von Kim, Shin und Bae (2020). Weiterhin nicht inkludiert wurden Studien, die die Einstellungen von Journalistinnen und Journalisten zu KI, nicht jedoch den Einsatz von KI analysierten, da für diese Arbeit grundsätzlich die Frage von Interesse war, wie Journalistinnen und Journalisten KI in ihrer Arbeit verwenden können.

Näher betrachtet wurden über die Plattform Web of Science letztlich sieben Studien. Auf der Suche nach weiterer relevanter Literatur wurden auch die darin zitierten Quellen betrachtet. Nach der Backward-Suche wurden drei weitere Beiträge ausgewählt, womit insgesamt zehn Studien berücksichtigt wurden. Die selektierten Beiträge sind in der folgenden Tabelle systematisch hinsichtlich der applizierten Vorgehensweisen und zentralen Fragestellungen aufgelistet:

Studien	Zeitschrift	Methode(n)	Zentrale Themen
Tunez-Lopez, J.M., Ceide, C.F., Vaz-Alvarez, M. (2020)	Communication & Society-Spain	Interviews	(1) Vorwegnehmen der Auswirkungen von KI auf das spanische Medienökosystem. (2) Darstellung der bereits durch KI Veränderungen der Medien.
De Oliveira, D.B., Guimaraes da Costa, B.C. (2020)	Brazilian Journalism Research	Interviews	Betrachtung der Art und Weise, in der Infograficos mithilfe von Algorithmen die Nachrichtenskripte untersucht und Inhalte formatiert.
Thurman, N., Lewis, S.C., Kunert, J. (2019)	Digital Journalism	Sekundäre Datenanalyse	Untersuchung der Bedeutung von Algorithmen und Automatisierung beim Sammeln, Verfassen und Veröffentlichen von Nachrichten.
Ford, H. & Hutchinson, J. (2019)	Digital Journalism	Ethnographische Methoden	(1) Analyse der Merkmale der von ABC entwickelten Chatbots. (2) Diskussion der Art und Weise, in der Chatbots die Beziehungen zwischen dem Kommunikator und Publikum gestalten.

---

[2] Bot für Telegram und Facebook-Messenger, der entwickelt wurde, um Artikel, Umfragen und Daten im Rahmen der spanischen Wahlkampagne 2016 bereitzustellen (Sanchez-Gonzales & Sanchez-Gonzales 2017).

Bodo, B. (2019)	Digital Journalism	Interviews	Fokussierung der personalisierten Nachrichtendienste von Nachrichtenorganisationen und Analyse der Rolle von Personalisierung für den Erfolg der Organisation.
Jones, B. & Jones, R. (2019)	Digital Journalism	Interview und Dokumenten-analyse	Erläuterung des Einsatzes von Bots in der Nachrichtenproduktion und deren Auswirkungen.
Rojas Torrijos, J.L. (2019)	Revista Latina de Comunicacion Social	Inhaltsanalyse	Thematisierung der Frage, wie „The Washington Post" KI in den Berichtserstattungen über die Olympischen Sommerspiele 2016 in Rio und die Olympischen Winterspiele 2018 in Pyeongchang einsetzte.
Salazar, I (2018)	DOXA Comunicacion	Sekundäre Datenanalyse	Analyse der Auswirkung von KI und Robotik im Bereich Journalismus.
Thurman, N. (2018)	Digital Journalism	Inhaltanalyse und Experiment	Untersuchung der Rolle sozialer Netzwerke als Quelle zur Sammlung von Informationen für Journalisten und Journalistinnen.
Moravec, V., Mackova, V., Sido, J., Ekstein, K. (2020)	Communication Today	Beobachtung und Befragung	Vergleich der Generierungsrate der von Menschen und der von Algorithmen erstellten Meldungen sowie derer Qualität.

Tabelle 1: Stichprobensystematisierung (eigene Darstellung)

4. Darstellung der Ergebnisse
4.1 Automatisierung

Zunächst wird ein Überblick über die Fähigkeit der Automatisierung von KI–Technologien gegeben. Im Beitrag von Rojas Torrijos (2019) wird deutlich, dass „The Washington Post" eine der innovativsten Nachrichtenredaktionen ist, da dort viel in entwickelte Technologien investiert wird. 2013 wurde die Redaktion von Jeff Bezos übernommen. Ab diesem Zeitpunkt setzte die amerikanische Zeitung intensiv auf die Entwicklung eigener technologischer Plattformen. „The Washington Post" ist eine der ersten Nachrichtenredaktionen, die Bots für das automatisierte

Schreiben journalistischer Artikel nutzt. In seiner Analyse der von Post–Oly–Bots[3] generierten Berichtserstattungen im Rahmen der Olympischen Sommerspiele 2016 in Rio kommt der Autor zu dem Ergebnis, dass innerhalb von elf Tagen insgesamt 816 Posts zu den Olympischen Sommerspielen 2016 über den Account @WPOlyBot veröffentlicht wurde. Am 14. August wurden 84 Tweets gepostet. Somit dieses Tool durchschnittlich 74–75 Tweets pro Tag erstellen. Post-Oly-Bots konnten Nachrichten in Bezug auf folgende Themen verfassen: Tagesabläufe, Medaillenspiegel, Erinnerung an den Beginn eines Spieles oder wichtigen Wettbewerbs mit Link zur Live-Übertragung, Ergebnis in einem Satz. Hinzu kommt, dass die Redaktion nach der erfolgreichen Verwendung dieser Technologien zwei Jahre später erneut auf automatisierten Journalismus zurückgriff, um Berichtserstattungen zu den Winterspielen in Pyeongchang 2018 zu ergänzen. Zwar nahm die Anzahl der Posts 2018 ab (insgesamt 183 Tweets–durchschnittlich 11 Tweets pro Tag), die visuelle sowie informative Qualität hingegen wurde verbessert. Die Piktogramme der einzelnen Sportarten und die Logos der Athleten erschienen im GIF-Format, damit die Wettbewerbe auf allen Plattformen illustriert werden konnten. Das Verhalten von Storytelling–Bots war folgendermaßen strukturiert: Erinnerung an den Medaillenspiegel, Erinnerung an den Start eines Wettkampfes, Podiumsergebnisse mit Link zur Website, neues Ergebnis von Medaillenführern am Ende des Tages. Dieses automatisierte Verfassen zielte darauf ab, die Berichterstattung über Live-Informationen und permanente Updates (Zeitpläne, Ergebnisse, Medaillenspiegel, Erinnerung,...) zu den vielen gleichzeitig stattfindenden Wettbewerben zu optimieren. In einer Studie von Rojas Torrijos (2019) wird nachdrücklich die Effizienz und Rentabilität von KI-Technologien betont und die Idee bekräftigt, dass die Anwendung von KI im Journalismus dazu dient, das Bedürfnis der NutzerInnen nach den neusten Nachrichten auf allen Arten von Geräten zu befriedigen. Zudem sollte der Beitrag von Salazar (2018) erwähnt werden, damit die Funktion der Nachrichtenproduktion durch Verwendung von KI verstärkt werden kann. In diesem beschreibt der Forscher, dass „The Los Angeles Times" ein eigenes KI-Tool (Bot Quake) entwickelt hat, um Online-Nachrichten zu veröffentlichen, wenn ein Erdbeben in der Stadt oder Umgebung bemerkt werde. Außerdem verwendet Associated Press mit Automated Insights seit einigen Jahren ein KI-Tool, das die Verwendung natürlicher Sprache ermöglicht, um Präsentationen wie Gewinnberichte öffentlicher Unternehmen oder die Klassifizierung von Baseball–Ligen zu erstellen. In diesem Kontext betont der Autor immer

---

[3] Von „The Washington Post" entwickeltes Tool, um automatisch Beiträge zu den Olympischen Sommerspielen 2016 und den Olympischen Winterspielen 2018 auf Twitter zu veröffentlichen (Rojas Torrijos 2019).

wieder, dass die Automatisierung von Berichten den Journalistinnen und Journalisten 20 % ihrer Arbeitszeit erspart, die sie in die Vorbereitung umfangreicher und tiefgehender Berichte investieren können.

Aus einer anderen Perspektive auf diesen Themenkomplex erläutert Moravec et al. (2020), dass im menschlichen Journalismus LeserInnen mit interessanten angelockt und nicht mit Wiederholungen der gleichartigen Texte verängert werden. Einige Domänen wie die Börse, das Wetter oder der Verkehr haben das Potenzial für den Aufbau eines automatisierten Systems zur Generierung von Nachrichten. Vollzogen werden könnte dies durch die Analyse früherer von Menschen erstellter Nachrichten, der Definition der Grammatik und der Erstellung automatischer Generatoren unter Verwendung strukturierter Daten. Die finanzielle Situation in den Redaktionen lässt vermuten, dass die Automatisierung des Journalismus notwendig werden wird. Allerdings erwarten Journalistinnen und Journalisten, dass sie in ihrer Rolle relevant bleiben und mit Software arbeiten, um Berichte zu produzieren. Journalistinnen und Journalisten prüfen in diesem Szenario die von der Software generierten Texte auf eventuelle Fehler und Schwächen. Diese Vorstellung wurde in der Studie Rojas Torrijos (2019) bekräftigt: In einigen Fällen wurden von Post-Oly-Bots falsche Daten vermittelt, die danach durch Menschen korrigiert wurden.

4.2 Personalisierung

Während traditioneller Journalismus dem Massenpublikum nur standardisierte Medienangebote zur Verfügung stellt, sind einige Autorinnen und Autoren der Ansicht, die Entwicklung von Technologien ermögliche es Medienunternehmen, ihre Nachrichten auf hochspezifische Publikumssegmente zuzuschneiden (Tunez-Lopez et al. 2020; Thurman et al. 2019; Bodo 2019). Bodo (2019) verdeutlicht die Unterscheidung zwischen expliziter und impliziter Personalisierung von Medieninhalten: Von expliziter Personalisierung ist die Rede, wenn die MediennutzerInnen selbst entscheiden können, mit welchen Informationen sie konfrontiert werden. Diese Auswahl erfolgt z. B. durch Newsletter, RSS–Feeds oder individualisierbare „my News"–Bereiche. Implizite Personalisierung bedeutet hingegen, dass algorithmische Systeme entscheiden, welche Informationen die Medienrezipientinnen und Medienrezipienten erhalten. Personalisierte Inhalte werden hier mithilfe von indirekten Nutzersignalen bereitgestellt. Durch Data-Mining[4] können Journalistinnen und Journalisten sowie Redaktionen außerdem Benutzergewohnheiten verstehen und die passenden Inhalte zum

---

[4] Entdeckung von Strukturen und Mustern in komplexen Datenmengen mithilfe der Anwendung computergestützter Methoden.

richtigen Zeitpunkt anbieten. Bei Plattformen wie Facebook wird die Personalisierung durch riesige Mengen an Nutzerdaten und Nutzerinhalten vorangetrieben (Tunez-Lopez et al. 2020). Das heißt, Klicks, Informationen von Drittanbietern und die Transaktionshistorie werden als Input für algorithmische Systeme verwendet. Solche Systeme werden entwickelt und in verschiedenen Bereichen eingesetzt, z. B. von Amazon für E-Commerce, von Google im Bereich der Suche und von YouTube sowie Facebook, um das Engagement auf den Plattformen zu maximieren. Im Gegensatz dazu sind Nachrichtenverlage eher praxisorientiert, angetrieben von dem Wunsch, Abonnements zu verkaufen. Sie versuchen, durch die Personalisierung von Inhalten das Interesse an Qualitätsinformationen zu fördern, harte Nachrichten zu kultivieren und journalistische Autorität und Zuverlässigkeit zu fördern (Bodo 2019). Außerdem erwarten WissenschaftlerInnen von KI-Technologien, dass die Medien zukünftig in der Lage sind, bestimmte Anfragen der MediennutzerInnen individuell zu bearbeiten und Medienangebote nach deren Wunsch „vor Ort" zu produzieren, statt ‚ready-made'-Produkte anzubieten:

> "The user who wishes to be informed will use the AI to perform the function of a journalist. You will be able to ask: make me a 3-minute video summary of Madrid's match yesterday, or a text that can be read in 5 minutes on the summary of all first division matches that day. The AI will help the user to get the information he wants." (Tunez-Lopez et al. S.182).

Problematisch allerdings scheint vor allem, dass die Personalisierung aufgrund der vermeintlichen Förderung von sogenannten Filterblasen und Echokammern häufig kritisiert wird (Thurman et al. 2019). Aus diesem Grund sollten die Aspekte der Vielfalt und Transparenz berücksichtigt werden, um Echokammern zu verhindern (Tunez-Lopez et al. 2020).

4.3 Publikumsbeobachtung und Publikumsinteraktion

Weiterhin soll erläutert werden, wie die Journalistinnen und Journalisten mithilfe von Technologien das Publikum beobachten können. In einer Studie von Thurman (2018) wurde eine Reihe von Apps zur Publikumsbeobachtung analysiert: Geofeedia ist eine abonnementpflichtige App eines Drittanbieters, die einen standortbasierten Ansatz zur Überwachung sozialer Medien verfolgt. Journalistinnen und Journalisten können Social-Media-Posts innerhalb spezifischer Gebiete betrachten. Posts können entweder auf einer Karte angezeigt werden, wobei jeder Beitrag durch ein Symbol repräsentiert wird, oder in Form einer Collage, wobei die Beiträge über das Fenster verteilt sind. Es sind Filter verfügbar, um die Suche nach Kriterien wie beispielweise der Uhrzeit, Schlüsselworten oder dem/ der UserIn einzugrenzen. Journalistinnen und Journalisten können auch Nutzerinnen und Nutzern sozialer Netzwerke folgen, indem sie deren Aktivitäten geografisch abbilden lassen oder sehen, wer ihre Beiträge liked oder kommentiert. Spike ist eine

App, die an Journalistinnen und Journalisten sowie andere vermarktet wird, um Geschichten, die in sozialen Netzwerken erscheinen zu entdecken und NutzerInnen zu identifizieren, die diese Geschichte verbreiten und/oder kommentieren. Filtern können Journalistinnen und Journalisten Nachrichten nach Ort, Thema, Zeitpunkt der Veröffentlichung, Sprache und Präsentationsform (Text oder Video). Außerdem entdeckt und clustert die App SocialSensor automatisch Nachrichtenthemen aus einer Reihe von sozialen Netzwerken. Es ist möglich, Trends auf Personen und Organisationen zu durchsuchen. Die ''near me''–Funktion gibt den Journalistinnen und Journalisten die Möglichkeit, mit Geo-Tags versehene Beiträge in sozialen Netzwerken in einem Radius von 50 km zu sehen. Journalistinnen und Journalisten können auch personalisierte Themen einrichten, denen sie Schlüsselwörter oder Phrasen zuordnen. Es soll außerdem nicht unerwähnt bleiben, dass Twitter die wichtigste Social-Media-Plattform für Journalistinnen und Journalisten ist. Twitter stellt eine Reihe von Funktionen bereit, die nützlich für Journalistinnen und Journalisten sind: Inhalte und InfluencerInnen können auf der Plattform gefunden, gefiltert und verfolgt werden. Twitter erlaubt Nutzerinnen und Nutzern, spezifische Listen von Twitter-Accounts zu erstellen. Wenn BenutzerInnen die Liste ansehen, werden nur die Beiträge von den Kontoinhaberinnen und Kontoinhabern angezeigt. Journalistinnen und Journalisten erstellen solche Listen oft, um sich auf bestimmte Themen und Orte konzentrieren zu können. Twitter-BenutzerInnen können außerdem auch Trends beobachten (eine von Twitter generierte Liste mit ungefähr zehn Schlüsselwörtern, Phrasen oder Hashtags, die auf Twitter gerade aktuell sind). Allerdings ist es nicht möglich, Trends innerhalb enger geografischer Gebiete zu identifizieren. Mit dem Suchfeld können BenutzerInnen Tweets über Hashtags, Schlüsselwörter und Phrasen suchen oder Tweets basierend auf Faktoren wie Aktualität, Nachrichtenwert, Multimedialität, Nähe zum Standort der Benutzerin /des Benutzers, Datum der Veröffentlichung und Sprache finden. Viele Journalistinnen und Journalisten erkennen das Potenzial spezieller Apps, die helfen, riesige Menge von Inhalten aus sozialen Netzwerken zu filtern. Social Media ist ein Mittel, um Geschichten, die bereits erschienen sind, zu aktualisieren; originelle Geschichten zu finden; illustrative Inhalte bereitzustellen; Journalistinnen und Journalisten mit Personen in Kontakt zu bringen, die eine Geschichte kommentieren können; zu sehen, welche Geschichten in den sozialen Medien aktuell sind, damit Journalistinnen und Journalisten sowie Redakteurinnen und Redakteure über die Platzierung von Geschichten und Folgeartikeln entscheiden können.

Ein weiterer Punkt, auf den eingegangen werden soll, ist die Fähigkeit von KI-Technologien, mit dem Publikum zu interagieren. Thurman et al. (2019) stellt zur Diskussion, dass Chatbots nicht nur im Bereich des Kundenservice, sondern auch als Nachrichtenmedien (Newsbots) eingesetzt werden können. Etwas beispielhaft entwickelten die beiden Nachrichtenorganisationen BBC und ABC[5] ihre eigenen Chatbots. Die Einführung von Chatbots wurde zum Teil durch die Veränderung in der Nutzung sozialer Plattformen vorangetrieben. Menschen neigen dazu, neben öffentlichen Kanälen wie Newsfeeds von Facebook private Plattformen wie Facebook–Messenger oder WhatsApp zu nutzen. Aus diesem Grund fühlen sich öffentlich–rechtliche Medien dazu verpflichtet, ihre Nachrichten auf verschiedenen Plattformen zu verbreiten, die von ihrem Publikum genutzt werden. Im Beitrag von Jones und Jones (2019) wird erwähnt, dass die Redaktion BBC im Zeitraum von 2015 bis 2017 acht Bots für Social-Media-Plattformen und Kurierdienste entwickelt. Fünf dieser acht Bots wurden als Chatbots beschrieben, die in gewissem Maße einen interaktiven Dialog mit Nutzerinnen und Nutzern führen konnten. Die Formen der Interaktion dieser fünf Chatbots wurden variiert; unter ihnen waren ein Q&A, ein Quiz, ein Abonnement-Service für Push-Benachrichtigungen und ein News-Summary-Service. Wie der Artikel zeigt, konnte BBC mithilfe der Bots verschiedene zum Teil unterversorgte Zielgruppen, insbesondere junge RezipientInnen, erreichen. Die MediennutzerInnen, die Chatbots von ABC verwendeten, zeigten eine positive Einstellung gegenüber diesem Service und schätzten die von den Bots bereitgestellten Informationen (Ford & Hutchinson 2019).

---

[5] Australian Boardcasting Corporation.

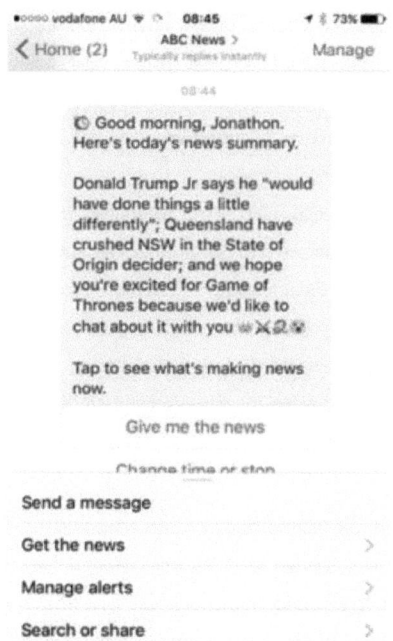

Bild 1: ein Beispiel für einen von ABC Chatbot (Quelle: Ford & Hutchinson 2019)

4.4 Recherche und andere Möglichkeiten der Präsentation

Salazar (2018) stellt in ihrem Beitrag die These auf, das Internet sei für Journalistinnen und Journalisten eine unendliche Quelle für Informationen und Dokumentationen. Aus einer Studie, in der Thurman (2018) Apps zur Publikumsbeobachtung analysiert, lässt sich schließen, dass JournalistInnen mithilfe von Apps Informationen suchen, recherchieren und Trends beobachten können. Allerdings hat das World Wide Web allen Nutzerinnen und Nutzern den Zugang zum Internet erleichtert. Jetzt können LeserInnen aus dem Internet extrahieren, was sie am interessantesten finden. Diese ungefilterten Daten im Netz sind vielfältig, jedoch nicht immer verlässlich, da jeder Mensch über einen Internetanschluss verfügt und alles veröffentlicht werden kann, ohne notwendigerweise wahr zu sein. Infolgedessen ist es im digitalen Zeitalter die Aufgabe der Journalistinnen und Journalisten, das Chaos der Daten zu strukturieren und die Reliabilität der Nachrichten zu gewährleisten. Ausgehend davon ist es ihnen möglich, z. B. Links zu anderen Websites verfügbar zu machen, die für die Nachrichten relevant sind, und im Internet verfügbare Multimedia-Ressourcen ebenso bereitzustellen Daten, die automatisch in Echtzeit aktualisiert werden (z. B. Nachrichten von der Börse oder das Wetter). Außerdem geben Redaktionen LeserInnen in der modernen Zeit die Möglichkeit, ihre Meinungen zu äußern, indem sie sich an der Produktion von Inhalten mitbeteiligen (Salazar 2018). In ihrer Studie, in der sie gegenwärtige und zukünftige Einsatzmöglichkeiten von KI in Nachrichtenredaktionen diskutieren, äußert Lopez-Tunez et al. (2020) die Meinung, dass algorithmische Systeme eine Reihe von Leistungen erbringen können: die Sammlung und Analyse von Informationen, Daten, Text und Bild; die multimediale Generierung von Nachrichten; die Beschriftung der Artikel. Zudem werden KI-Tools zur Überprüfung von Nachrichten bzw. Identifizierung von Fake-News genutzt. Es ist zu erwarten, dass KI fiktive Elemente in den übermittelten Nachrichten identifizieren kann. Die Zukunft ist offen für eine Vielzahl an Möglichkeiten, nicht spezifisch für den Bereich Journalismus, sondern zur sozialen Transformation: Emotionserkennung von RezipientInnen.

Außerdem wird Infografik am häufigsten in Multi-Media-Menüs angewendet. Mittels einer untrennbaren Kombination von Texten und Bildern ermöglichen Infografiken eine effektive Darstellung von Daten. De Oliveira und Guimaraes da Costa (2020) stellen in ihrer Analyse die These auf, Infografiken besäßen die Erzähllogik eines Textes: Sie hätten einen Titel, einen Lead, Namensquellen und Autoren. Estadao Infograficos verwenden eine Reihe von Tools wie Adobe Illustrator, Data-Driven-Documents (D3), Datawrapper, Data Viz Project, Flourish, Python, Rawgraphics und das von Estadao erstellte UVA-Programm, um die Produktion von visuellen Inhalten zu erleichtern. Sie verwenden Software, um Bilder, Grafiken und ästhetische Illustrationen zu erstellen, sowie die Programmiersprache Python, um Daten zu visualisieren. Das Data-Viz-Projekt hilft insbesondere bei der Auswahl von Formaten. Eine Analyse von Bildressourcen erbrachte, dass simulierte Bilder im Journalismus häufig verwendet werden, insbesondere wenn ein Mangel an Bildressourcen wie Fotos von gemeldeten Ereignissen besteht damit das Ereignis dargestellt werden kann. Außerdem werden Face-Apps auch im Journalismus verwendet, um das Gesicht einer Person zu verjüngen oder älter werden zu lassen.

5. Schlussfolgerung

Die Analyse hat ergeben, dass das automatisierte Verfassen von einfachen Texten professionellen Journalistinnen und Journalisten hilft, die Belastung durch ihre Arbeit zu verringern, wodurch sie mehr Zeit haben, die in umfangreiche und komplexe Texte investiert werden kann (Salazar 2018). Unbestritten ist, dass mithilfe von KI-Technologien eine große Anzahl an Beiträge in kurzer Zeit veröffentlicht werden kann, allerdings geben Maschinen in einigen Fällen falsche Daten aus (Rojas- Torrijos 2019) und können Texte nicht interessant formulieren (Moravec et al. 2020). Aus diesen Gründen sind noch immer Menschen notwendig, die diese Systeme überwachen und kontrollieren. Schlussfolgern lässt sich also, dass künstliche Intelligenz menschliche Journalistinnen und Journalisten nicht ersetzen kann. Stattdessen sollten beide zusammenarbeiten, um das Arbeitsergebnis zu optimieren. Durch den Einsatz von KI werden nicht nur einfache Texte automatisch erstellt, sondern auch Medienangebote können in verschiedener Weise präsentiert werden, z. B. Multi-Media-Ressourcen können produziert werden (Tunez-Lopez et al. 2020; De Oliveira & Guimaraes da Costa 2020). Außerdem ermöglichen es KI-Tools den Journalistinnen und Journalisten, ihr Publikum zu beobachten (Thurman 2018). Mithilfe einer Reihe von Apps können Redakteurinnen und Redakteure Informationen suchen, die die Glaubwürdigkeit von Quellen verifizieren und beobachten, wie die Rezipientinnen und Rezipienten auf ihre Beiträge reagieren. Zudem sind Redaktionen und Redakteurinnen sowie Redakteure durch den Einsatz von Chatbots in der Lage, in Kontakt mit ihren Leserinnen und Lersern zu treten (Ford & Hutchinson 2019, Jones & Jones 2019). Dies spielt eine bedeutende Rolle bei der Erreichung verschiedener Zielgruppen, Generierung von Aufmerksamkeit vonseiten der MedienrezipientInnen sowie Verbesserung der Beziehung zwischen Medienorganisation und RezipientInnen; schließlich ist die Personalisierung von Medieninhalten ein wichtiges Merkmal von KI-Technologien. Es ist zu erwarten, dass sich diese Vorteile zukünftig im Journalismus niederschlagen werden, jedoch wäre es lohnenswert, zu diskutieren, wie im digitalen Zeitalter Echokammern vorgebeugt werden kann (Tunez-Lopez et al. 2020).

6. Literatur

Bodo, B. (2019). Selling News to Audiences- A Qualitative Inquiry into the Emerging Logics of Algorithmic News Personalization in European Quality News Media. *Digital Journalism, 7*(8), 1054-1075.

de Oliveira, D. B., & Guimaraes da Costa, B. C. (2020). News Agenda guided by Algoritms: Content and Format in Estadao Infograficos. *Brazilian Journalism Research, 16*(3), 550-575.

Dukino, C., Friedrich, M., Ganz, W., Hämmerle, M., Kötter, F., Meiren, T., et al. (2020). *Künstliche Intelligenz in der Unternehmenspraxis. Studie zur Auswirkungen auf Dienstleistung und Produktion.* Fraunhofer Verlag.

Ford , H., & Hutchinson, J. (2019). Newsbots that mediate Journalist and Audience Relationships. *Digital Journalism, 7*(8), 1013-1031.

Grabiel, P. (2019). Einleitung: KI ohne Grenzen? In V. Wittpahl, *Künstliche Intelligenz: Technologie, Anwendung, Gesellschaft* (pp. 95-98). Berlin : Springer Verlag.

Jones , B., & Jones , R. (2019). Public Service Chatbots: Automating Conversation with BBC News. *Digital Journalism, 7*(8), 1032-1053.

Kim, J., Shin, S., & Bae, K. (2020). Can AI be a Content Generator? Effects of Content Generators and Information Delivery Methods on the Psychology of Content Consumers. *Telematics and Informatics, 55.*

Kirschniak, C., & Lützenberger, M. (2018). Wie künstliche Intelligenz Medienbranche revoluntiert. In *German Entertainment and Media Outlook 2018-2022* (S. 36-38). PWC.

Lossau, N. (2018). *Wie Künstliche Intelligenz die Medien verändert.* Sankt Augustin/ Berlin: Konrad-Adenauer-Stiftung e.V.

Mainzer, K. (2019). *Künstliche Intelligenz. Wann übernehmen die Maschine?* Berlin: Springer.

Moravec, V., Mackova, V., Sido, J., & Ekstein, K. (2020). The Robotic Reporter in The Czech News Agency: automated Journalism and Augmentation in the Newsroom. *Communication Today, 11*(1), 34-52.

Rojas, T., & Jose, L. (2019). Automated Sport Coverage. Case Study of Bot released by The Washington Post during the Rio 2016 and PyeongChang 2018 Olympics. *Revista Latina De Comunicacion Social, 74,* 1729-1747.

Salazar, I. (2018). Robots and Artificial Intelligence. New Challenges of Journalism. *Doxa Comunicacion*(27), 295-315.

Sanchez Gonzales, H., & Sanchez Gonzales, M. (2017). Bots as a News Service and its emotional Connection with Audiences. The Case of Politibot. *DOXA COMUNICACION*(25), 63-84.

Schick, U. (20. March 2018). *Was ist künstliche Intelligenz?* Abgerufen am 15. Februar 2021 von SAP News Center: https://news.sap.com/germany/2018/03/was-ist-kuenstliche-intelligenz/

Tunez-Lopez, J. M., Fieras Ceide, C., & Vaz-Alvarez, M. (2021). Impact of ArtificiaL Intelligence on Journalism: Transformations in the Company, Products, Contents and professional Profile. *Communication & Society, 34*(1), 177-193.

Thurman, N. (2018). Social Media, Surveillance, and News work on the Apps promising Journalists a "Crystal Ball". *Digital Journalism, 6*(1), 76-97.

Thurman, N., Lewis, S. C., & Kunert, J. (2019). Algorithms, Automation, and News. *DIGITAL JOURNALISM, 7*(8), 980-992.

Vergeer , M. (2020). Artificial Intelligence in the Dutch Press: An Analysis of Topics and Trends. *Communication Studies, 71*(3), 373-392.

Weischenberg, S., Malik, M., & Scholl, A. (2006). Journalismus in Deutschland 2005. *MEDIA PERSPEKTIVEN(7)*, S. 346-361.